In diesem Buch möchte ich all den Leuten die Angst
nehmen, das eine gute
Mahlzeit schrecklich kompliziert sein muss.
In vielen Rezepten in Büchern und Zeitschriften wird
man mit Fremdwörtern
bombardiert (z.B. Blanchieren), von denen man nicht
einmal wusste ,das es sie überhaupt gibt.
Oder es werden Mengenangaben gemacht, von denen
man nicht weiß, wie viel ist
das (z.B. ein Spritzer) , oder wo man nicht weiß
wohin mit dem Rest (z.B. 125 ml Sahne. Sahne gibt
es ab 100 ml ,bzw. 150ml und 200 ml Packungen).
An solchen Kleinigkeiten möchte man dann fast schon
verzweifeln.
Ich habe die Rezepte in diesem Buch alle selber
ausprobiert und die Mengen so abgeändert, das nicht
irgendwann der halbe Kühlschrank voll steht, mit
irgendwelchen angebrochenen Verpackungen.
Auch habe ich auf Fachbegriffe verzichtet, da ich die
meisten selber nicht verstehe und ich denke, das es da
vielen anderen Hobbyköchen eben so ergeht.
Jetzt möchte ich auch niemanden weiter aufhalten und
wünsche viel Spaß beim lesen und nachkochen.

Inhaltsverzeichnis

Kapitel 1 :

Vorbereitungen

Kochen kann sehr viel Spaß machen, wenn denn alles funktioniert.

Um das zu gewährleisten, sollte man schon vor dem Kochen anfangen ein klein wenig zu planen.

Sorgen Sie vorher schon für ausreichend saubere Arbeitsfläche.

Stellen Sie Behälter, wie Schüsseln und Töpfe schon Griffbereit hin.

Zutaten und Gewürze auch schon Griffbereit halten.

Messen sie Zutaten wie z.B. Milch, Wasser oder auch Mehl schon vorher ab. Bei einigen Gerichten hat man gar nicht die Zeit die Zutaten erst abzumessen wenn sie gebraucht werden.

Das artet dann richtig in Stress aus und geht vermutlich auch daneben.

Wenn Gemüse geputzt und geschnitten werden muss, steht in vielen Rezepten z.B. während das Fleisch brät die Zwiebel putzen und würfeln.

Wenn Sie das so machen, haben Sie meist schon verloren, weil es dann einfach zu lange dauert.

Machen Sie solche Schnippelarbeiten einfach bevor sie anfangen zu Kochen. Dann brauchen Sie die Zutaten nur noch in der Rezeptreihenfolge zusammenfügen und es wird ein entspanntes Kochen, welches dann auch Spaß macht.

Kapitel 2 :
Ein einfaches Sonntagsessen

Einen saftigen Braten zuzubereiten, ist eigentlich eine sehr einfache Sache.
Dabei ist es egal, was für ein Braten das ist.

Braten

Öl in einem Topf heiß machen.
Den Braten auf hoher Stufe von allen Seiten anbraten.
Eine kleine Zwiebel schälen und würfeln und mit zugeben.
Danach halb mit heißen Wasser bedecken,2 Lorbeerblätter zugeben und ca. 2 Stunden auf kleiner Stufe köcheln lassen und den Braten zwischendurch immer wieder mit dem Sud übergießen.
Sobald der Braten fertig ist, Braten aus dem Topf nehmen und den Sud mit dunklen Soßenbinder bis zur gewünschten Sämigkeit binden und man hat eine hervorragende Soße für die Kartoffeln.

Zu einem Braten ist ein leckeres *Gemüse* eigentlich unerlässlich.
Dazu eignet sich hervorragend Erbsen und Wurzeln, Blumenkohl, Porree oder auch Brokkoli.
Bei Erbsen und Wurzeln, nimmt fertige aus dem Supermarkt.
Blumenkohl, Brokkoli oder Porree nimmt man am besten

Frisch und putzt und zerkleinert es nach bedarf.
Einen Topf mit ca. 3 Liter Wasser füllen, 2 Teelöffel
Gemüsebrühe zugeben und zum kochen bringen.
Nun das Gemüse hinein und ca. 10 Minuten kochen lassen.
Danach das Gemüse in ein Sieb geben, die Brühe aber nicht
weggießen, denn die wird noch gebraucht.
Nun zur *hellen Soße fürs Gemüse* .
Dafür brauchen wir noch
ca. 150 g Butter
3 EL Mehl
100 ml Dosenmilch
200 g Sahnekäse
Die Butter Schmelzen, Mehl einrühren, mit der Gemüsebrühe
ablöschen, bis zur gewünschten Sämigkeit, zum verfeinern
nun die Milch zugeben und alles aufkochen lassen.
Zum Abschluss den Käse hinzufügen und zergehen lassen,
Gemüse rein und fertig.

Damit hätten wir schon einen Großteil eines leckeren
Sonntagsessens fertig.
Aber was wäre so ein Essen ohne einen Salat.
Als Salat möchte ich zwei verschiedene Dressings anbieten,
die jeder schnell und einfach herstellen kann.
Das erste ist das ganz einfache Dressing für einen
Gurken/Tomatensalat.
Für diesen Salat braucht man
1 Salatgurke
3-4 mittelgroße Tomaten
1 Zwiebel
3 EL Essig

9 EL Öl
1 TL Salz
1 TL Zucker

Gurke schälen und in Scheiben schneiden, Tomaten waschen und in Scheiben schneiden, Zwiebel fein würfeln und alles in eine Schüssel geben.
Öl, Essig, Salz und Zucker gut durchmischen, über den Salat geben und gut durchmischen.

Das zweite Dressing ist für einen *Karotten/Apfelsalat*.
Für diesen Salat braucht man,
600 g Karotten
600g Äpfel (am besten Boskop)
200 ml saure Sahne
1 TL Zitronensaft
2 TL Zucker
1 Tüte Vanillezucker

Karotten schälen, Äpfel schälen und entkernen.
Beides grob raspeln und in eine Schüssel geben.
Sahne, Vanillezucker, Zucker und Zitronensaft gut vermischen und über den Salat geben.

Zu diesem Essen reicht man am besten *Salzkartoffeln*.
Sollte jemand nicht wissen, wie man(n) die macht, auch ganz einfach.
Kartoffeln schälen und waschen (Menge wie man sie meint zu brauchen) , in kalten Wasser mit 2 TL Salz zum kochen bringen, ca. 20 Minuten kochen und abgießen.

Was wäre ein schönes Sonntagsessen ohne Nachtisch?
Da wäre eine leckere *Quarkspeise* zu empfehlen.
Hierzu benötigen wir,
200 g Quark
100 g Zucker
2 Becher (a 200 g) Sahne
2 Tüten Vanillezucker

Sahne nach Anleitung schlagen, Quark, Zucker und Vanillezucker
mit einem Schneebesen unterheben und fertig.

So, damit wäre der Sonntag schon einmal gerettet, denn Liebe geht ja auch durch den Magen.

Kapitel 3

Was wäre das wunderschöne Norddeutsche, Oldenburger
Land ohne seine Regionalen Spezialitäten?
Die absolute Spezialität im Sommer ist der *Spargel*. Für ein
leckeres Spargelessen für 4 Personen braucht man,
2 kg frischen Spargel
3 l Wasser
3 TL Salz
½ TL Zucker
½ trockenes Brötchen vom Vortag

Als erstes wird der Spargel geschält.
Das Wasser mit dem Salz und dem Zucker zum kochen
bringen.
Spargel und das Brötchen in das kochende Wasser geben und
ca. 20 Minuten kochen lassen. Das Brötchen ist nur dazu da,
um eventuelle Bitterstoffe
herauszufiltern.
Nach 20 Minuten den Spargel vorsichtig herausnehmen und
Servieren.
Als Beilage zum Spargel ist zu empfehlen Schinken,
zerlassene Butter und Salzkartoffeln.

Das zweite Regionale Gericht gehört in den Winter und ist
der *Grünkohl*.
Hierfür benötigen wir,
1,2 kg Grünkohl

4 Zwiebeln
3-4 EL Hafergrütze
6 Pinkel
6 Kochwurst
1-2 Stücke Durchwachsenen Speck

Zuerst werden die Würste und der Speck in Wasser gekocht,
wobei die Pinkel mit einer Gabel angepiekst werden sollten,
da sie sonst platzen können. Es sollte nur soviel Wasser
genommen werden, das die Fleischwaren soeben bedeckt
werden und das ganze ca. 1 Stunde köcheln lassen.
In der Zwischenzeit die Zwiebeln schälen und würfeln.
Nach ca. 1 Stunde Wurst und Speck herausnehmen
und den Grünkohl hineingeben. Sobald der Kohl kocht die
Zwiebeln hinzugeben. Diesen dann auch ca. 1 ½ Stunden
köcheln lassen. Ca. 20 Minuten vor Garzeitende die
gewünschte Menge Wurst und Speck zum warm werden lassen
wieder hinzugeben und
ca. 15 Minuten vor Schluss noch die Hafergrütze zugeben.
Die Fleischangaben sind nur ein Vorschlag, die man nach
Bedarf Variieren kann.
Als Beilage dafür sind hervorragend Salzkartoffeln oder auch
Bratkartoffeln geeignet.
Übrigens schmeckt der Grünkohl nach dem ersten aufwärmen
am besten

Kapitel 4 :

Gemüsiges

In Kapitel 2 möchte ich noch einige Arten aufzeigen, wie man Gemüse auch noch lecker und einfach anrichten kann.
Zunächst einmal wäre da der _Überbackene Blumenkohl_
Für dieses Gericht brauchen wir ,
1 Blumenkohl
1 ½ EL Paniermehl
1 TL Brühe
75 g Butter

Den Blumenkohl putzen, in einen Topf mit Wasser und der Brühe geben und
ca. 15 Minuten kochen.
Danach mit einer Schaumkelle in ein Sieb legen und gut abtropfen lassen.
Die Butter in einem Topf zergehen lassen und das Paniermehl hinzugeben.
Das Paniermehl leicht anbräunen.
Den Blumenkohl in eine Backofenfeste Form geben und die Butter mit dem
Paniermehl gleichmäßig darüber geben.
Deckel drauf und ca.15 Minuten im auf 180 Grad vorgeheizten Backofen überbacken.
Er ist toll geeignet als Beilage für z.B. Salzkartoffeln und Schnitzel.
Als Beilage hierfür auch sehr gut geeignet ist der _Porree in Käsesoße._ Dafür brauchen wir,
6 Stangen Porree

1 TL klare Brühe
3 Päckchen helle Soße (für 750 ml Soße)
200 g Sahnekäse

Porree putzen und in ca. 10 cm lange Stücke schneiden.
Wasser mit der Brühe zum kochen bringen, den Porree
hinzugeben und ca. 10 Minuten kochen .
Danach gut abtropfen lassen.
Die Soße nach Packungsanleitung zubereiten (2 Teile von dem
Porreewasser,1 Teil Wasser).
Den Käse in der Soße zergehen lassen.
Den Porree in eine Auflaufform legen und die fertige Soße
gleichmäßig darüber geben.
Das ganze nun für 15 Minuten in den auf 175 Grad
vorgeheizten Backofen geben und fertig.
Aber man kann auch Gemüse als Hauptgericht nehmen.
Da wäre zu empfehlen das Fleischlose *Blumenkohl – Ragout.*
Hierfür brauchen wir,
3 Karotten
1 kl. Blumenkohl
3 Lauchzwiebeln
$\frac{1}{4}$ l Milch
2 El Butter
3 El Mehl
1 Tl Gemüsebrühe
weißer Pfeffer
Muskatnuss
Petersilie

Karotten putzen , waschen und in Würfel schneiden.

Blumenkohl putzen ,waschen und in Röschen teilen .
Lauchzwiebeln putzen , waschen und in dünne Ringe
schneiden.
Einen Topf mit Salzwasser aufkochen lassen , den Kohl
hineingeben und ca. 10-12- Minuten garen. 5 Minuten vor
Ende der Garzeit die Karotten zufügen. Blumenkohl und
Karotten abgießen und ca. einen ½ l Brühe abmessen.
Butter in einem Topf erhitzen und das Mehl unter rühren
dazugeben.
Mit der Brühe und einem ¼ l Milch unter Rühren ablöschen
und ca. 5 Minuten köcheln lassen.
Soße mit Pfeffer und Muskat abschmecken. Blumenkohl ,
Karotten ,
Lauchzwiebeln und Petersilie hineingeben und ca. 15 Minuten
erwärmen.
Dazu können Salzkartoffeln gereicht werden.
Und wenn es mal ganz schnell gehen soll, einfach eine große
Dose Erbsen und Wurzeln und/oder Mais, einfach in der
Dosenflüssigkeit 3 Minuten aufkochen lassen, abgießen, in
einem Topf ca.150 g Butter zergehen lassen 2-3 EL
Paniermehl hinzugeben, kurz anrösten, Gemüse rein,
durchrühren und fertig.
Man sieht, Gemüse muss nicht langweilig sein.
Haben sie Kinder? Weigern die sich Gemüse zu essen?
Kleiner Tipp, dieses Problem hatten wir auch.
Wir haben das Essen zum Spiel umfunktioniert. Unser Großer
durfte beim Kochen nicht zuschauen. Wenn er sich an den
Tisch setzte, wurden ihm ersteinmal die Augen verbunden.
Danach wurde ihm von allem was auf dem Tisch stand einzeln
nacheinander etwas in den Mund gesteckt zum probieren.

Und siehe da, oh Wunder, es war etliches dabei, was ihm schmeckte, was er aber ohne verbundene Augen nicht probiert hätte.

Kapitel 5 :
Kartoffeliges

Man kann Kinder auch zum Essen animieren, wenn man sie bei der Zubereitung helfen lässt.

Sehr gut dafür geeignet sind Gerichte, bei denen Kartoffeln gebraucht werden. Sie werden sehen, das Kinder mit Begeisterung Kartoffeln schälen werden, wenn man sie nur lässt.

Es ist schon erstaunlich, das Kinder Arbeiten gerne machen, die wir Erwachsenen manchmal nervig finden.

Aber nun weiter im Text.

Es müssen ja auch nicht immer nur Salzkartoffeln sein (wie in Kapitel 1 beschrieben) , sehr lecker sind auch

Kartoffelröstis

Dazu benötigen sie folgende Zutaten ,

750 g Kartoffeln

2 Eier

1 TL Salz

Öl

Kartoffeln schälen und grob raspeln. Eier und Salz zufügen, durchmischen.

Fett heiß werden lassen, Portionsweise mit einem Esslöffel ins Fett geben, flach drücken und von jeder Seite 2-3 Minuten braten.

An dieser Stelle möchte ich eine Frage aus dem Tierreich stellen. Wissen sie, wie das Reh mit Vornamen heißt?

Nein ,nicht Bambi, es heißt Kartoffelpü.....naja, ist vielleicht nicht besonders toll der Witz, aber die perfekte

Überleitung, nämlich zum *Kartoffelpüree* .
Dafür brauchen wir,
1 kg Kartoffeln
¼ Liter Milch
2 EL Butter
Salz
Muskat

Kartoffeln schälen , waschen und ca. 15 – 20 Minuten in
Salzwasser kochen.
Wenn die Kartoffeln fertig sind ,abgießen und mit einem
Stampfer zerstampfen .
Nun Milch und Butter zugeben und mit einem Mixer gut
verrühren.
Zum Schluss noch mit Salz und Muskat abschmecken.
Kartoffelpüree kann man übrigens auch geschmacklich noch
verfeinern, wenn man zum Beispiel ein wenig Wirsingkohl
hinzugibt oder auch Erbsen und/oder Karotten.

Wer es ein wenig Rustikaler mag, für den ist die
Kartoffelpfanne nach Bauernart genau das richtige, auch
wenn sie etwas aufwendigen ist.
Dafür wird gebraucht,
800 g Kartoffeln
150 g gekochter Schinken
1 mittelgroße Zwiebel
1 Stange Porree
3 Gewürzgurken
2-3 EL Öl
2 EL Senf

2 EL Mehl
2 EL Butter
1 TL Gemüsebrühe
¼ l Milch
geriebener Käse (Mozarella)
Salz
weißer Pfeffer

Kartoffeln schälen, waschen und in Scheiben schneiden. Öl in
einer Pfanne erhitzen und die Kartoffeln darin 20 braten. Ab
und zu wenden und mit Salz und Pfeffer würzen.
Zwiebeln schälen und würfeln, Porree putzen und in Ringe
schneiden, Schinken in Würfel und Gurken in Scheiben
schneiden. Alle Zutaten ca.5 Minuten vor Bratende der
Kartoffeln hinzugeben.
Fett in einem Topf erhitzen ,Mehl darin anschwitzen und mit
Milch ablöschen.
Unter Rühren aufkochen und ca.5 Minuten köcheln lassen.
Mit Salz und Pfeffer würzen und den Senf einrühren.
Kartoffeln in eine Auflaufform geben und die Soße drüber
gießen.
Mit Käse überstreuen und alles in den auf 200 Grad
vorgeheizten Backofen geben, bis der Käse geschmolzen ist.

Kapitel 6 :
Nudeliges

Nun kommen wir zu einem Klassiker für Jung und Alt.
Spagetti.
Für ältere, weil's super schmeckt, für jüngere, weil man da
so schön mit rumklehen kann (Mama sagt Danke und freut
sich).
Es ist die *Bolognesesoße* .Sie ist schnell gemacht und
garantiert immer ein Erfolg. An Zutaten brauchen wir,
900 g. Gehacktes
2 Dosen Tomaten
2 Tuben Tomatenmark
2 Zwiebeln
3-4 Knoblauchzehen
1 Tl Salz
1 halber Tl Zucker
Pfeffer
Paprika
Oregano
3 Tl Öl

Das Gehackte im Öl krümelig braten. Die Zwiebeln klein
schneiden und mit andünsten.
Die Tomaten und das Tomatenmark hinzufügen und mit
Aufkochen.
Nun die Knoblauchzehen (durch eine Knoblauchpresse
geben),Salz, Pfeffer, Paprika, Zucker und Oregano dazu
geben.

Ein Wenig aufwendiger, aber auch nicht kompliziert ist die
Gemüse-Käse-Soße.
Dafür benötigen wir,
100 g durchwachsenen Speck
1 Knoblauchzehe
1 Zwiebel
1 Zucchini
100 g frische Champignons
Öl
150 ml Milch
150 ml Sahne
1 Becher Kräuterfrischkäse (z.B. Bressot)
1 Eigelb
Basilikum
Pfeffer
Salz

Speck würfeln, Zwiebeln und Knoblauch fein hacken, Zucchini
in Würfel und Champignons in Scheiben schneiden.
Speck in heißen Öl anbraten, Zwiebeln, Knoblauch, Zucchini
und Pilze hinzufügen und andünsten.
Milch und Sahne angießen und aufkochen lassen.
Den Käse unterrühren und darin schmelzen lassen.
Das Eigelb mit etwas Soße verrühren und in die heiße, aber
nicht mehr kochende Soße geben.
Mit Salz, Pfeffer und Basilikum abschmecken, fertig.
Als leckere und auch schnell gemachte Variante, empfehle
ich die *Schnitzel-Nudel-Pfanne*. Sie ist schnell und einfach
zubereitet. Dafür benötigen wir,
500 g Schnitzel

1 mittelgroße Zwiebel
200 g Sahne
250 g Bandnudeln
200 ml Wasser
1EL Mehl
1 EL Öl
1 TL Brühe
Salz
weißer Pfeffer

Schnitzel in Streifen schneiden, Zwiebeln schälen und
Würfeln.
Fleisch in einer Pfanne rundherum anbraten und mit Salz und
Pfeffer würzen.
Währenddessen die Bandnudeln nach Packungsanweisung
kochen.
Zwiebeln zufügen und ca.2 Minuten mitbraten.
Mehl darüberstäuben und anschwitzen und mit Wasser und
Sahne ablöschen, Brühe einrühren und aufkochen lassen. Die
abgegossenen und gut abgetropften Bandnudeln zugeben, gut
durchrühren und ca. 5 Minuten köcheln lassen.
Als Alternative für dieses Rezept kann man auch die etwas
aufwendiger, aber dafür auch mit Gemüse verfeinerte *Bunte
Nudel-Puten-Pfanne* machen. Für sie brauchen wir folgende
300 g Nudeln (Penne)
400 g Puten- oder Hähnchenfilet
200 g Schlagsahne
3 mittelgroße Zwiebeln
2 mittelgroße Zucchini
3 mittelgroße Paprika (rot)

1 TL Gemüsebrühe
2 TL Soßenbinder (dunkel)
½ Liter Wasser
Öl
Salz
weißer Pfeffer

Nudeln kochen.
Zwiebeln schälen und in feine Spalten schneiden.
Paprika putzen und in Streifen schneiden.
Zucchini putzen, waschen und in Scheiben schneiden.
Fleisch in Würfel schneiden.
Fleisch in Öl rundherum anbraten, mit salz und Pfeffer
würzen und herausnehmen. Zwiebeln, Zucchini und Paprika im
Bratfett anbraten und mit Salz und Pfeffer würzen. Fleisch
wieder hinzugeben und mit Wasser und Sahne ablöschen.
Brühe
einrühren, aufkochen und 10 Minuten köcheln lassen.
Soßenbinder einrühren und 1 Minute köcheln lassen.
Nudeln unterheben, mit Salz und Pfeffer abschmecken und
fertig.
Das waren nun die ersten Nudelgerichte, wobei Nudeln auch
in vielen anderen Gerichten noch eine wichtige Rolle spielen
werden, wie sie schon im nächsten Kapitel sehen werden.
In der Küche werden am häufigsten folgende Nudelsorten
gebraucht.
Spagetti : z.B. für Bolognese oder auch zerkleinert für
Nudelpfannen.
Muschelnudeln : Für Nudelsalat.
Fusili : Für Aufläufe oder auch für Bolognese

Bandnudeln : Als Beilage oder für Nudelpfannen.
Penne : Für Aufläufe oder Nudelpfannen.
Wenn man diese 5 Nudelsorten im Hause hat, kann man
schon wahnsinnig viele Gerichte damit machen.

Kapitel 7 :

Auflaufiges

Nun sind wir endlich bei einem Gericht angekommen, welches einerseits sehr Abwechslungs- und Variantenreich ist, anderseits aber auch sehr einfach zu machen ist.
Der Auflauf.
Aufläufe kann man mit und ohne Fleisch machen, das einzige, was immer dabei ist, ist Käse zum überbacken.
Hier vorweg ein kleiner Tipp.
Ich persönlich habe festgestellt, das, wenn in einem Gericht Käse zum überbacken gebraucht wird, geriebener Mozarella am besten geeignet ist.
Bei anderen Käsesorten passiert es leicht einmal, das er etwas hart wird, oder einen etwas ranzigen Beigeschmack bekommt,
wenn man den Auflauf etwas zu lange im Ofen lässt.
Dies ist bei Mozarella nicht der Fall.
Kommen wir nun zum ersten Rezept, dem *Nudelauflauf mal anders* , für den wir folgende Zutaten brauchen,
250 g Nudeln
1 kg Gehacktes
1 Glas Kartoffeln mal anders
1 Glas Erbsen und Möhren
400 g Käse (Mozarella)

Gehacktes krümelig braten und Nudeln kochen.
Das Gehackte mit dem Kartoffeln mal anders ordentlich vermischen.
Danach Nudeln, Gehacktes, Gemüse und Käse Abwechselnd in

eine Auflaufform schichten.

Das ganze dann bei 170 Grad ca. 30 Minuten im Backofen überbacken.

Kartoffeln mal anders ist eine Soße, die man in jedem Supermarkt in verschiedenen Geschmacksrichtungen bekommt. Der nächste Auflauf ist auch mit Hackfleisch, aber mit mehr Gemüse, es ist der *Kohlrabi-Hack-Auflauf.* Er ist zwar etwas Arbeitsaufwendiger, aber das Ergebnis entschädigt dafür allemal. Dafür brauchen wir,

1 kg gemischtes Hack

10 mittelgroße Tomaten

1 mittelgroße Zwiebel

2 Knoblauchzehen

2 mittelgroße Kohlrabis

1 Ei

200 g Mozarella

200 g Creme fraiche

2 EL Öl

1 ½ TL Chilipulver

2 TL Tomatenmark

1 TL Gemüsebrühe

4 EL Milch

Zucker

Salz

weißer Pfeffer

Muskatnuss

Fett für die Form

8 Tomaten waschen und in Stücke schneiden, Zwiebel und

Knoblauch schälen und fein würfeln.
Öl erhitzen und Zwiebel und Knoblauch andünsten.
Hack und Chilipulver zugeben und das Hack krümelig braten.
Nun die Tomaten zufügen, alles unter Rühren aufkochen und
10-15 Minutenoffen köcheln lassen.
Nun das Tomatenmark einrühren, mit Zucker, Brühe und Salz
würzen und etwas abkühlen lassen.
Kohlrabis schälen, waschen, in ca. 2 mm dicke Scheiben
schneiden und für ca. 8 Minuten in kochendes Wasser geben.
Creme fraiche mit Ei und Milch verrühren und mit Muskat,
Salz und Pfeffer würzen.
Die letzten 2 Tomaten in Scheiben schneiden.
Nun Hackmasse und Kohlrabischeiben abwechselnd in eine
gefettete Auflaufform geben.
Auf die letzte Hackschicht die Creme fraiche Mischung
geben und mit Kohlrabi abschließen.
Zum Schluss mit Tomatenscheiben belegen und den Käse
darüber streuen.
Die Auflaufform nun für ca. 50 Minuten in den auf 175 Grad
vorgeheizten Backofen geben.
Nun kommen wir zu einem Auflauf mit Geflügel, dem
Hähnchenauflauf Hawaii. Er ist auch schön fruchtig und
macht richtig Lust auf Urlaub. Wir brauchen,
600 g Kartoffeln
750 g Hähnchenfilet
1 Dose Ananasscheiben (850 ml)
200 ml Milch
200 ml Wasser
200 g gekochter Schinken
10 Scheiben Schmelzkäse

5 EL Butter
3 EL Mehl

Kartoffeln schälen und kochen.
Hähnchenfilets in 2 EL Butter von jeder Seite ca.3-4 Minuten braten.
Ananas abtropfen lassen, den Saft dabei auffangen.
3 EL Butter in einem Topf zergehen lassen ,Mehl darin anschwitzen und unter rühren 100 ml Ananassaft, Wasser und Milch zugeben. Aufkochen lassen und Brühe einrühren.
Kartoffeln abgießen und in Scheiben schneiden.
Kartoffelscheiben in einer gefetteten Auflaufform am Boden verteilen, die Schinkenscheiben drauflegen und die Hälfte Soße drübergießen.
Ananasringe halbieren und abwechselnd mit den Hähnchenfilets darauf verteilen. Rest Soße in die Zwischenräume gießen.
Nun alles für 20 Minuten in den auf 200 Grad vorgeheizten Backofen geben.
Ca.5 Minuten vor Ende der Garzeit den Käse darauf verteilen.
Den nächste Auflauf könnte man auch als Auflauf nach griechischer Art bezeichnen, es ist der *Gyros-Nudel-Auflauf*. An Zutaten benötigen wir,
500 g Schnitzel
1 Bund Lauchzwiebeln (3-4 Stück)
1 Zucchini
250 g Kirschtomaten
200 g Schlagsahne
200 g Nudeln

200 g Käse
1 EL Mehl
Öl
$\frac{1}{4}$ l Wasser
2 TL Gyrosgewürz
1 TL Gemüsebrühe
schwarzer Pfeffer
Paprika Edelsüß

Schnitzel in Streifen schneiden und in Öl und Gyrosgewürz einlegen.
Lauchzwiebeln in Ringe schneiden , Zucchini halbieren und in Scheiben schneiden , Tomaten halbieren.
Das Fleisch in einer Pfanne anbraten.
Zucchini , Lauchzwiebeln und Tomaten hinzufügen und 2 –3 Minuten mitbraten .
Paprika und Mehl darüberstäuben und anschwitzen . Mit Wasser und Sahne ablöschen und aufkochen lassen.
Brühe einrühren , 2-3 Minuten köcheln lassen und mit Pfeffer abschmecken.
Gleichzeitig die Nudeln kochen und abgießen.
Nun Nudeln , Fleischsoße und Käse abwechselnd in eine Auflaufformschichten .
Das ganze nun ca. 25 Minuten im auf 200 Grad vorgeheizten Backofen überbacken.

Tipp : Das Fleisch am besten schon 24 Stunden vorher einlegen

Man muss aber auch nicht immer Fleisch beim Auflauf haben,

das es auch ohne geht, zeigen die nächsten zwei Rezepte.
Das erste ist der *Brokkoli-Tomaten-Auflauf* . An Zutaten
brauchen wir,
1 kg Brokkoli
1 mittelgroße Zwiebel
2 Fleischtomaten
200 g Mozarella
2-3 EL Öl
1 TL Gemüsebrühe
1 EL Tomatenmark
250 ml Wasser
Salz
weißer Pfeffer
Fett für die Form

Brokkoli putzen, waschen, in Röschen teilen und in kochendem
Salzwasser 6-8 Minuten garen.
Zwiebel schälen, halbieren und in dünne Spalten schneiden.
Tomaten halbieren und in Spalten schneiden.
Öl erhitzen und die Zwiebeln darin andünsten. Tomaten
zugeben und ca.5 Minuten unter Wenden dünsten.
Nun das Tomatenmark einrühren, mit Mehl bestäuben,
anschwitzen und mit Wasser ablöschen und aufkochen lassen.
Brühe einrühren und ca. 5 Minuten köcheln lassen. Nun mit
Salz und Pfefferwürzen.
Nun den Brokkoli und die Tomatensoße in eine gefettete
Form geben, Käse darüber reiben und für 15-20 Minuten in
den auf 200 Grad vorgeheizten Backofen geben.
Der zweite Auflauf ist der *Nudelauflauf ,,Caprese"* hiefür
brauchen wir dann,

350 g Nudeln (Penne)
250 g Mozarella in Stücken
200 g Mozarella gerieben
4-5 mittelgroße Tomaten
1-2 Knoblauchzehen
200 g Schlagsahne
150 g Creme fraiche
Salz
weißer Pfeffer
1 Prise Zucker
etwas Basilikum

Nudeln in Salzwasser kochen. Tomaten waschen und in
Scheiben schneiden.
Mozarella abtropfen lassen und in Scheiben schneiden.
Knoblauch schälen
und fein würfeln.
Sahne, Creme fraiche, Knoblauch und Basilikum verrühren
und mit Salz, Pfeffer und Zucker abschmecken.
Nudeln in eine Auflaufform geben und mit Tomaten und
Mozarella belegen. Sahnemischung drübergießen und mit dem
geriebenen Mozarella bestreuen.
Das ganze nun im auf 175 Grad vorgeizten Backofen
überbacken.
Bei diesem Auflauf sollte man sich aber überlegen, ob man
am nächsten Tag einen Zahnarzttermin hat, es könnte sein,
das der Zahnarzt von dem Duft nicht so begeistert ist.

Kapitel 8 :

Jetzt sind wir bei den Suppen angekommen.
Da möchte ich als erstes eine Suppe empfehlen, die sich
auch hervorragend als Alternative zur Gulaschsuppe auf
Partys eignet. Es ist die *Gyrossuppe* . Die nun folgenden
Mengenangaben sind für 6 Personen abgemessen, können aber
je nach Personenzahl erhöht werden.
1 kg Gyros
3 Becher Sahne
2 Tüten Zwiebelsuppen
250 g Chillisoße
250 g Zigeunersoße
2 grüne Paprika
1 Dose Mais

Gyros anbraten und abkühlen lassen, die Sahne hinzugeben
und eine Nacht ziehen lassen.
Zwiebelsuppe nach Packungsanweisung kochen, Paprika in
Würfel schneiden und zusammen mit den anderen Zutaten auf
das Gyros geben, durchkochen und fertig.
Dazu sollte man dann Kaviarbrot oder Fladenbrot reichen.
Die Chillisoße und die Zigeunersoße brauchen sie übrigens
nicht selber herstellen.
Dafür kann man sehr gut fertige Grillsoßen nehmen.
Die nächste Suppe ist die *Champignoncremesuppe*.
An Zutaten werden gebraucht,
2 Tüten Champignoncremesuppe

2 Gläser Champignons
2 Zwiebeln
4 Ecken Schmelzkäse (z.B. Kräuter, halt je nach
Geschmack)
Pfeffer
1 Bund frische Petersilie
Margarine

Die Zwiebeln in der Margarine glasig anbraten. Dann die Pilze
(ohne Flüssigkeit) hinzufügen und mit andünsten.
Die Tütensuppe nach Anweisung zubereiten und zu den
Zwiebeln und Pilzen zugeben.
Alles zusammen kurz aufkochen und mit Pfeffer abschmecken
Zum Schluss die Käseecken zugeben und auflösen lassen.
Kurz vor dem Servieren die kleingehackte Petersilie
dazugeben.
Zum Schluss in diesem Kapitel noch ein kleiner Tipp für
Fischgerichte (z.B. Seelachsfilet in Backteig).
Da hat man oft das Problem, was für eine Soße macht man
dazu.
Die einfache Antwort lautet, eine leckere *Senfsoße* Dazu
brauchen wir,
1 Päckchen Helle Soße
1 halben Tl Zucker
2 Tl Senf
Zitrone

Die Helle Soße nach Packungsangaben zubereiten, Zucker,
Senf zugeben, mit Zitronensaft abschmecken und fertig.
Ich hoffe, das das Lesen in diesem Buch bisher Spaß macht

und wir uns auch im nächsten Kapitel wiedersehen.
Dort kümmern wir uns dann um eine Mordwaffe, die in den richtigen Sorten richtig zubereitet sehr lecker ist.

Kapitel 9 :
Pilziges

Ein Mädchen ging mal Pilze pflücken und musst sich dabei oftmals bücken.
Heut stillt se, scheiß Pilze.
Das ist die eine Gefahr beim Pilze sammeln, die andere ist, das man die falschen erwischt, daher sollte man sie man sie nur sammeln, wenn man sich da wirklich gut mit auskennt, denn dann gibt es Rezepte die sich wirklich lohnen und die man auch garantiert überlebt. Das erste wäre das *Cremige Pilzragout* . Dafür benötigen wir,

4 Stangen Porree
800 g Champignons
300 g Kirschtomaten
200 g Schlagsahne
200 g Schmelzkäse
2 EL Butter
2 EL Gemüsebrühe
Salz
Pfeffer
Heller Soßenbinder
Petersilie

Porree in Ringe schneiden, Pilze und Tomaten halbieren.
Butter erhitzen und darin Pilze und Porree anbraten. Mit 1 Liter Wasser ablöschen, aufkochen lassen, dann die Brühe einrühren und ca. 5 Minuten köcheln lassen.
Nun die Sahne und den Käse zufügen und den Käse schmelzen lassen.

Wenn der Käse geschmolzen ist, die Tomaten und die Petersilie unterrühren.

Zum Schluss die Soße binden, aufkochen lassen und mit Salz und Pfeffer abschmecken. Dazu als Beilage Reis servieren.

Als nächstes kommen wir zum *Pilzgulasch nach Holzfäller-Art*, für das wir folgendes brauchen,

1 kg gemischtes Gulasch

400 g Champignons

2 Zwiebeln

1 rote Paprika

2 EL Tomatenmark

1 Lorbeerblatt

2 gehäufte EL Mehl

1 Liter Wasser

Öl

Salz

Weißer Pfeffer

Paprika Edelsüß

Fleisch in Öl in einem großen Topf anbraten und mit Salz und Pfeffer würzen .

Zwiebeln klein schneiden und mit dem Fleisch kurz andünsten Tomatenmark einrühren ,Fleisch mit Mehl bestäuben und kurz anschwitzen .

Wasser unter rühren angießen , Lorbeerblatt zugeben , aufkochen lassen

und zugedeckt ca. 1 ½ Stunden schmoren lassen .

Paprika putzen und klein schneiden und ca. 30 Minuten vor Ende der Garzeit zugeben .

Champignons putzen und etwas klein schneiden , ca. 5

Minuten anbraten und auch mit zugeben .
Mit Salz , Pfeffer und Paprika abschmecken und fertig.
Dazu passen hervorragend Salzkartoffeln.
Nun kommen wir zu einem leckeren Schnitzelgericht,
dem *Schnitzel-Pilz-Töpfchen* , für welches wir folgende
Zutaten benötigen,
500 g Champignons
100 g geräucherter durchwachsener Speck
4 Schnitzel
200 g Creme fraiche
2 mittelgroße Zwiebeln
2 EL heller Soßenbinder
1 TL Brühe
3 EL Öl
375 ml Wasser

Pilze putzen und halbieren .Zwiebeln schälen, halbieren und in
dünne Scheiben schneiden. Speck in kleine Würfel schneiden
und Schnitzel halbieren.
Öl erhitzen und die Schnitzel darin Braten, mit Salz und
Pfeffer würzen und
in eine Auflaufform legen. Speck im heißen Bratfett
auslassen, Zwiebeln und Pilze hinzugeben und ca. 5
Minuten braten.
Wasser zugießen Brühe einrühren und 1-2 Minuten köcheln
lassen.
Creme fraiche und Soßenbinder glatt rühren, einrühren und
aufkochen lassen.
Mit Salz und Pfeffer abschmecken und über die Schnitzel
gießen.

Nun alles für ca. 10 Minuten in den auf 200 Grad vorgeheizten Backofen schieben.

Als Beilage passt hierzu sehr gut frisches Baguettebrot, da man damit sehr gut auch die Soße auftunken kann.

Als Variante fürs Schnitzel kann man auch *Champignon-Zwiebel-Auflage* machen, dazu brauchen wir,

1kg Champignons

2 mittlere Zwiebeln

100 g Butter

Salz

Pfeffer

Champignons waschen, putzen und in Scheiben schneiden. Zwiebel schälen und in dünne Ringe schneiden.

Butter in einem Topf zergehen lassen, Pilze hineingeben und andünsten, Zwiebeln hinzugeben und auch andünsten, mit Salz und Pfeffer abschmecken und das ganze auf dem Schnitzel platzieren.

Als letztes Gericht in diesem Kapitel kann ich die *Champignonpfanne mit Mettbällchen* empfehlen, für welche wir brauchen,

500 g Gehacktes

500 g kleine Champignons

250 g Fleischwurst

250 g Schlagsahne

200 ml Wasser

1 Dose (425 ml) stückige Tomaten

1 Zwiebel

1 Knoblauchzehe

1 EL Tomatenmark

1 EL Zitronensaft
1 Lorbeerblatt
1 Ei
Salz
schwarzer Pfeffer
Zucker
Petersilie
Öl

Zwiebeln und Knoblauch schälen und fein würfeln.
Gehacktes, Ei, Pfeffer, Petersilie und Tomatenmark
verkneten und aus der Masse Bällchen formen.
Champignons waschen und putzen. Fleischwursthaut entfernen
und die Wurst in Scheiben schneiden.
Öl in einer Pfanne erhitzen und Wurst und Fleischbällchen
Portionsweise anbraten und
herausnehmen.
Nun die Pilze darin goldbraun braten und
herausnehmen.
Zwiebeln und Knoblauch im Bratöl andünsten,
Tomaten und Wasser zugeben, Lorbeerblatt zugeben und
aufkochen lassen.
Fleischbällchen, Wurst und Pilzen zugeben und alles ca. 15
Minuten zugedeckt schmoren lassen.
Mit Salz, Pfeffer, Zitronensaft und Zucker abschmecken.
Dazu schmeckt am besten Fladenbrot.

Kapitel 10 :
Schweiniges

Nun sind wir bei dem liebsten Tier der Deutschen angelangt,
dem Schwein. Es ist lecker in vielen Varianten, von denen ich
an dieser Stelle drei erwähnen möchte.
Das erste ist das _Schweinegeschnetzelte zu Nudeln._ Dafür
brauchen wir,
100 g TK-Erbsen
1 Zwiebel
1 Knoblauchzehe
2 Karotten
400 g Champignons
300 g Schweineschnitzel
200 ml Sahne
375 ml Wasser
1 TL Gemüsebrühe
½ TL Zucker
1 EL Zitronensaft
Öl
Salz
weißer Pfeffer
heller Soßenbinder
Die Schnitzel klein schneiden ,Karotten und Champignons
putzen und in Scheiben schneiden. Zwiebeln und Knoblauch
schälen und fein würfeln.
Das Schnitzelfleisch in heißen Öl in einem Topf anbraten.
Fleisch herausnehmen und Zwiebeln und Knoblauch im
Bratfett andünsten.
Pilze hinzugeben und mitbraten. Nach ca. 5 Minuten mit

Sahne und Wasser ablöschen. Aufkochen lassen und die
Brühe einrühren. Nun das Fleisch, die Karotten und die
Erbsen hinzufügen und einige Zeit köcheln lassen. Kurz vor
dem Servieren mit Soßenbinder andicken und mit Salz,
Zucker, Zitronensaft und Pfeffer abschmecken.
Als Beilage eignen sich hierfür Bandnudeln.
Das zweite ist *Geschmorte Schweinesteaks auf Gemüse*.
An Zutaten brauchen wir hierfür,
350 g Kartoffeln
8 mittelgroße Karotten
5 mittelgroße Stangen Porree
4 mittelgroße Zwiebeln
4 ausgelöste Nackensteaks
1 Packung Frühstücksspeck
1 El Margarine
1 ½ TL Gemüsebrühe
2 Lorbeerblätter
Salz
schwarzer Pfeffer
Majoran
Karotten schälen , längs halbieren und in Stücke schneiden.
Kartoffeln schälen , waschen und vierteln. Porree putzen , in
Ringe schneiden und waschen .
Die ausgelösten Nackensteaks im Bräter kräftig anbraten ,
dabei mit Salz und Pfeffer würzen .
Nackensteak aus dem Bräter nehmen und eine Schicht
Gemüse einfüllen .
Die Nackensteaks auf dem Gemüse verteilen , danach den
Rest Gemüse auf den Nackensteaks verteilen , mit Majoran
und den Lorbeerblättern

würzen und für 1 ½ Stunden abgedeckt in den auf 200 Grad
vorgeheizten Backofen schieben.
Nach 20 Minuten die in einem ¾ Liter heißen Wasser
aufgelöste Gemüsebrühe über Gemüse und Fleisch verteilen .
Den Speck in Stücke schneiden und 30 Minuten vor Ende der
Garzeit über Fleisch und Gemüse verteilen und alles im
offenen Bräter zu Ende garen.
Zum Schluss noch etwas total unkompliziertes,
das ganz normale *Panierte Schweineschnitzel*.
Dafür nehmen wir
4 Schweineschnitzel
6 EL Mehl
6 EL Paniermehl
2 Eier
20 ml Kondensmilch (am besten Portionsbecher a
10 ml)
Salz
Pfeffer
Paprika
200 g Butter

Die Schnitzel zuerst mit Salz, Pfeffer und Paprika
Würzen.
Je einen tiefen Teller für das Mehl, das Paniermehl und für
die Eier und die Milch nehmen. Milch und die Eier dabei
vorher gut vermengen.
Die Schnitzel nach dem würzen erst durch das Mehl ziehen,
dann durch die Eier-Milch Mischung, dann durchs Paniermehl.
Nun Butter in einer Pfanne heiß werden lassen und die
Schnitzel darin goldbraun braten.

Anstatt von Salz, Pfeffer und Paprika sollte man auch einmal die Variante probieren, die Schnitzel vor dem Panieren mit Senf zu bestreichen.

Kapitel 11 :
Fülliges

In diesem Kapitel gibt es Gemüse mit Hack.
Das sind sehr leckere Gerichte, die einfach hergestellt
werden können und garantiert immer ankommen. Das erste
ist die *Gefüllte Paprika* .
Für sie brauchen wir ,
500 g Gehacktes
4 Paprika
1 Zwiebel
1 Ei
2 TL Gemüsebrühe
1 TL Salz
4 EL Paniermehl
Pfeffer
Paprika
200 g Käse (Mozarella)
½ Liter Wasser

Paprika am Stielansatz aufschneiden und von innen putzen.
Paprikadeckel und Zwiebeln in kleine Würfel schneiden.
Gehacktes mit Paniermehl , Ei , Paprika – und Zwiebelwürfel
vermengen und mit Salz , Pfeffer und Paprika würzen.
Die Paprikas nun mit der Fleischmasse füllen und in eine
Auflaufform geben.
Gemüsebrühe in heißen Wasser auflösen und in die
Auflaufform geben.
Die geschlossene Auflaufform nun für 1 Stunde in den auf
175 Grad Vorgeheizten Backofen geben.

10 Minuten vor Garzeitende den Deckel abnehmen und die Paprika mit Käse bestreuen.

Als Beilage kann ich hierfür Kartoffelpüree empfehlen.

Das zweite Rezept sind die *Gefüllten Champignons*,

für welche wir folgendes benötigen,

8 große Champignons

1 mittelgroße Zwiebel

$\frac{1}{4}$ TL Thymian

250 g Hackepeter (oder Bratwurstbrät)

2 EL Senf

2 mittelgroße Tomaten

200 g Käse (Mozarella)

200 ml klare Brühe

Öl

Salz

Pfeffer aus der Mühle

Champignons putzen, Stiele rausbrechen und fein hacken. Zwiebeln fein würfeln.

Öl in einer Pfanne erhitzen, Zwiebeln und Pilzstiele darin andünsten und mit Salz und Pfeffer würzen.

Hackepeter und Senf in die Pfanne zugeben, Thymian unterrühren.

Die Brühe in eine Ofenfeste Form geben.

Champignons mit Pfeffer würzen, mit der Bratmasse füllen und in die Form setzen.

Die Tomate würfeln und in der Form verteilen.

Zum Schluss alles mit Käse bestreuen und das ganze bei 200 Grad ca. 20 Minuten im Backofen überbacken.

Als Beilage hierfür Baguettebrot.

Kapitel 12 :
Hackiges

Nun sind wir bei den Hackfleischgerichten angekommen und beginnen mit einem ganz einfachen Klassiker, der *Frikadelle*. Die Zutaten dafür sind,

500 g Gehacktes
1 Zwiebel
1 Ei
4 EL Paniermehl
3 EL Margarine
1 TL Salz
Pfeffer aus der Mühle

Zwiebel schälen und fein Würfeln, dann zusammen mit dem Gehackten, dem Ei, dem Paniermehl, Salz und Pfeffer in eine Schüssel geben und alles gut vermengen. Dann Frikadellen daraus formen.
Margarine in einer Pfanne Heiß werden lassen und die Frikadellen braten.
Nun kann man aus Hackfleisch natürlich noch eine ganze Menge mehr als nur Frikadellen machen.
Hackfleisch ist ein sehr vielseitiges Lebensmittel.
Beispielsweise kann man daraus in Verbindung mit Salatgurken ein sehr leckeres *Gurkengemüse* zaubern. Dazu brauchen wir,

500 g Gehacktes
1 Ei
4 Gemüsegurken
1 Zwiebel
4 $\frac{1}{2}$ EL Paniermehl

Öl
Salz
Pfeffer
Brühe
Dunklen Soßenbinder

Das Gehackte mit dem Ei,4 ½ EL Paniermehl,1 TL Salz und
etwas Pfeffer in eine Schüssel geben und durchmischen.
Daraus werden kleine Klösschen
geformt.
Die Klösschen in einen Topf mit ein wenig Öl anbraten. Nach
dem anbraten die Klösschen wieder aus dem Topf
herausnehmen.
Nun die kleingeschnittene Zwiebel etwas anbraten bis sie
glasig ist.
Die Gurken schälen, halbieren, entkernen und in etwa 1 – 2
cm breite Streifen schneiden und mit einem TL Salz zu den
Zwiebeln hinzugeben.
Das ganze ca.10-15 Minuten garen, bis die Gurken etwas
glasig sind.
Nun 1Tl Brühe und die Klösschen wieder hinzugeben und
soviel heißes Wasser, das alles bedeckt ist.
Das ganze ca. 20-25 Minuten köcheln lassen.
Kurz vor dem Servieren den Soßenbinder einrühren.
Aus Hackfleisch kann man aber auch leckere Braten
zubereiten.
Da wäre zum einem der *Hackbraten mit Champignons*. Für ihn
benötigen wir folgendes,
1 kg Gehacktes
1 kleine Dose Champignons

2 Eier
1 Zwiebel
8 EL Paniermehl
100 g Frühstücksspeck
2 TL Salz
Pfeffer
Paprika
Öl

Zwiebel schälen und fein würfeln. Zusammen mit den Champignons in etwas Öl andünsten.
Anschließend zusammen mit dem Gehackte, die Eier, Paniermehl, Salz, Pfeffer, Paprika gut vermengen.
Danach einen Braten aus der Masse formen, auf ein gefettetes Backblech legen und mit Frühstücksspeck Belegen.
Das ganze nun 60 Minuten bei 200 Grad backen.
Wer keine Champignons mag, der kann das ganze auch ohne diesen machen.
Etwas aufwendiger ist die *Hackrolle ,,Cordon bleu"* . Dafür wird benötigt,
1 Kg Gehacktes
600 g Kartoffeln
200 g Gouda
150 g gekochten Schinken
3 Eier
3 EL Paniermehl
1 EL mittelscharfer Senf
1 TL Paprika Edelsüß
1 TL Oregano

Salz
schwarzer Pfeffer
Paniermehl für die Arbeitsfläche
Backpapier

Zwiebeln schälen und fein würfeln.
Kartoffeln schälen, grob raspeln und mit 2 Eiern und 1 TL
Salz vermischen.
Gehacktes mit Zwiebeln, 1 Ei, Paniermehl, Paprika, Oregano,
Salz und Pfeffer vermischen.
Arbeitsfläche dünn mit Paniermehl bestreuen und Hach
darauf zu einem Rechteck (ca.28x30 cm) ausrollen.
Hack erst mit Gouda, dann mit Schinken belegen.
Vorsichtig zusammenrollen und auf ein Backblech legen.
Kartoffelmasse auf die Hackrolle verteilen und andrücken.
Nun für ca.60 Minuten auf den auf 200 Grad vorgeheizten
Backofen und fertig.
Als Beilage sind Kartoffelröstis zu empfehlen.

Kapitel 13 :
Grilliges und Kurzes

Wer sitzt nicht gerne im Sommer draußen zusammen mit
Familie und Freunden und grillt gemütlich.
Da stellt sich dann die Frage, was für Salate und Soßen
mache ich dazu. Zu dieser Frage hätte ich nun je zwei
Vorschläge zu machen.
Beginnen wir mit den Salaten.
Zum einen wäre da der *Nudelsalat*   .
Als Zutaten brauchen wir hierfür,
300 g Knopf Nudeln
Paprika (rot, gelb, grün)
6 Kirschtomaten
1 Dose Mais
1 Gekochte
2 Gewürzgurken
5 EL Essig
8 EL Öl
1 TL Senf
1 TL Salz
1 TL Zucker
Pfeffer

Die Nudeln kochen, Kirschtomaten vierteln, Paprika,
Gekochte und Gewürzgurken klein schneiden und alles
zusammen mit dem Mais in eine Schüssel geben.
Öl, Essig, Senf, Salz, Zucker und Pfeffer in eine Tasse
geben und gut vermischen.
Das ganze über die anderen Zutaten geben, durchrühren,

etwas ziehen lassen und fertig.

Der zweite Salat ist der klassische *Kartoffelsalat ,,a la Mama"* .

Dafür brauchen wir,

1,5-2 kg festkochende Kartoffeln

500 ml Salatmajonäse

2 Becher Fleischsalat (a 250 g)

1 Zwiebel

5-6 kleine Gewürzgurken

6 Eier

eventuell etwas Gurkenwasser

Die Kartoffeln schälen, kochen, abgießen, abkühlen lassen und in Scheiben schneiden.

Die Zwiebel schälen und fein würfeln.

Eier hart kochen (ca. 8 Minuten), abkühlen lassen und in Würfel schneiden.

Gurken in kleine Würfel schneiden.

Nun die Majonäse, den Fleischsalat, die Zwiebel, die Gurken und die Eier gut vermischen und alles über die Kartoffeln geben und vorsichtig durchmischen.

Sollte das alles etwas zu fest sein, kann man es mit etwas Gurkenwasser verdünnen.

Nun kommen wir zu den Soßen.

Die erste ist die *Grillsoße ,,Provence"*

Zutaten für ca. 500 ml

60 g Lauchzwiebeln

220 g Paprika

275 g Auberginen

125 g braunen Zucker

100 ml Essig
125 ml trockenen Weißwein
4 mittelgroße Tomaten
2 Knoblauchzehen
Salz
weißer Pfeffer

Lauchzwiebeln putzen, waschen, klein schneiden. Paprika und
Auberginen waschen, putzen, entkernen und fein würfeln.
Knoblauch schälen und fein hacken, Tomaten waschen und
würfeln.
Alles in einen Topf geben, Zucker, Essig, Wein zugeben,
durchmischen und unter Rühren aufkochen.
Ca. 45 Minuten köcheln lassen, dabei öfter umrühren.
Mit Salz und Pfeffer abschmecken, fertig.
Beim Kauf der Auberginen ruhig großzügig abwiegen,
da nach dem entkernen nicht mehr so wahnsinnig viel von den
Dingern übrig ist. Man kann davon ausgehen, das ca. die
hälfte Abfall ist.
Tipp : Soße einen Tag vor Gebrauch zubereiten, damit sie
gut durchziehen und ihr volles Aroma entfalten kann.
Die zweite ist das allseits beliebte *Tzatziki*.
Dafür werden gebraucht,
500 g Vollmilchjoghurt
½ Salatgurke
8 – 10 Knoblauchzehen
Salz
Pfeffer

Salatgurke schälen , entkernen und grob raspeln.

Gurke und Joghurt verrühren und die Knoblauchzehen durch eine Knoblauchpresse zugeben.

Zum Schluss mit Salz und Pfeffer abschmecken.

Die zweite Hälfte der Gurke kann man z.B. für einen Gurkensalat nehmen, der auch immer gut zum Grillen passt.

Nun noch etwas kurzes, was auch lecker ist, vor allem im Sommer, wenn man nicht lange am Herd stehen will.

Es ist das *Überbackene Jägerbrot*.

Die Zutaten hierfür sind,

4 Scheiben Weltmeisterbrot (von Aldi)

3 mittelgroße Tomaten

12 Scheiben Jägerwurst

200 g Creme fraiche

400 g Krautsalat

75 g geriebener Mozarella

Salz

schwarzer Pfeffer

Tomaten in Scheiben schneiden , Brot Toasten , Creme fraiche mit Salz und Pfeffer würzen.

Brot mit Tomaten, Wurst und Krautsalat belegen.

Creme fraiche und Käse drauf verteilen und für ca.10 Minuten in den auf 200 Grad vorgeheizten Backofen schieben.

Kapitel 13 :
Tipps und Danke

Nun noch ein paar kleine Tipps.
Bei einigen Gerichten muss man ja heiße Flüssigkeiten
abmessen. Die meisten Messbecher werden dieses nicht
überleben. Fragen sie im Bekanntenkreis nach, ob noch
irgendwer eine Babyflasche hat, denn die Dinger halten das
aus und haben sogar ein Messskala.
Bei Gerichten, bei denen man Mettbällchen braucht passiert
es leicht beim anbraten, das sie auseinanderfallen. Tipp,
machen sie die Mettbällchen schon ein wenig früher und lagen
sie diese für einige Stunden in die Truhe, sie werden dann
auch beim anbraten ihre Form behalten.
Beim entkernen von Salatgurken kann man schon verzweifeln.
Die einfachste Art ist, schneiden sie die Gurken der Länge
auf, nehmen sie einen Teelöffel und schaben damit die Kerne
heraus.
So, das soll es nun auch gewesen sein und ich hoffe, das
dieses Buch ihnen ein wenig Spaß macht beim Kochen.
Falls ja, empfehlen sie es weiter.
Nun möchte ich noch ein paar Menschen erwähnen,
ohne die dieses Buch gar nicht möglich gewesen wäre und die
mir sehr wichtig sind.
Mein erster Dank gilt meiner Frau,
die während der Erstellung dieses Buches doch so manche
Stunde alleine verbringen musste und dieses auch tat ohne zu
schimpfen. (Ich Liebe Dich mein Kätzchen !)
Der nächste Dank gilt meiner Mutter, die mich erst an den
Herd heranführte und mir auch einige Tipps, Kniffe und

Rezepte beibrachte (Danke für alles Mutti).
Als drittes möchte ich mich bei unseren Kindern bedanken,
die ohne zu Murren fast alles probiert haben und die
Rezepte für gut befanden (Kinder sind ja die schärfsten
Kritiker mit den besten Geschmacksnerven, Danke Daniel und
Danke Mika).
Als letztes möchte ich der Internetplattform
Books on Demand danken, ohne die dieses Buch
 gar nicht möglich gewesen wäre (Danke, Danke,
Danke).

Herstellung und Verlag:
Books on Demand GmbH, Norderstedt
ISBN 978-3-8391-0686-0